RÉFLEXIONS

POUR

Me. LINGUET,

AVOCAT DE LA COMTESSE

DE BETHUNE.

Nego potuisse jure publico, legibus iis, quibus hæc civitas utitur, quemquam civem ullâ ejusmodi calamitate affici, sine judicio.

CICER. *pro domo sua.*

A PARIS,

De l'Imprimerie de PH. D. PIERRES,
rue Saint Jacques.

M. DCC. LXXIV.

RÉFLEXIONS

POUR

M. *LINGUET,*

AVOCAT DE LA COMTESSE

DE BETHUNE.

Aux singularités dont l'Affaire du Comte de Morangiés n'a été que trop remplie, il en manquoit encore une, c'étoit que sa justification devînt funeste à la main qui l'a opérée, & que du salut du client résultât la perte du défenseur, ou du moins un extrême péril pour lui. Notre siecle paroît destiné pour les événements rares ; il peut encore se glorifier de celui-là : en avions-nous besoin pour apprendre combien le triomphe de l'innocence est toujours incomplet , & combien au contraire le crime , au milieu même de ses défaites , conserve de ressources?

Ce qu'il y a de plus étrange , c'est que cette manœuvre s'étende jusqu'à une femme de condition dont elle compromet le sort. La Comtesse de Béthune m'a fait l'honneur de me charger de sa défense dans une affaire dont l'existence de sa famille dépend. La Cause étoit au Rôle. Suivant le texte précis des Ordonnances , il falloit d'après la place qu'elle occupoit, qu'elle fût plaidée le 7 Février (*a*). Cependant, non-seulement elle n'a pas été plaidée ce jour-là , mais on se flatte qu'elle ne le sera jamais , si la Comtesse de Bethune ne consent à changer de défenseur.

Et par qui lui est imposée cette loi? par l'Avocat (*b*) de son Adversaire, qui a des raisons , & des raisons très-fortes , & des raisons personnelles pour tâcher de m'écarter du Barreau.

(*a*) La Déclaration du 15 Mars 1673 , *défend* expressément *d'intervertir l'ordre des Rôles en quelque sorte que ce soit.*
(*b*) Me. Gerbier.

Il a trouvé moyen d'affocier à fes inquiétudes le reffentiment d'un autre Avocat (*c*) , dont la Comteffe de Béthune n'a pas cru devoir employer plus long-temps les fecours, & d'autres paffions du même genre, qui ne font pas rares dans une claffe d'hommes où la rivalité eft fouvent plus vive que l'émulation : ainfi le caprice , l'intérêt & la vengeance s'arrogent le droit de difpofer des volontés de la Comteffe de Béthune. Au mépris des bienféances, des Loix, de la Juftice, une portion infiniment petite d'un Ordre très-nombreux , animée en apparence par l'honneur, & réellement féduite par les plus odieufes manœuvres , prétend tyrannifer la confiance des Plaideurs, & couvrir d'opprobre le nom d'un confrere qui n'a ceffé de travailler à mériter l'eftime des fiens.

Il y a fans doute des reffources contre ce genre d'oppreffion tout nouveau : la Comteffe de Béthune eft déterminée à les faire valoir, & je la feconderai, puifque c'eft me défen-

(*c*) Me. Caillard , qui a plaidé pour la Comteffe de Béthune au Châtelet.

dre moi-même que de juſtifier ſon choix.

Il m'en coûte de révéler le myſtere de cette trame odieuſe, mon cœur répugne à en chercher les complices dans une Compagnie que je n'ai ceſſé de reſpecter malgré l'injuſtice de quel-ques-uns de ſes membres, & d'aimer malgré ce que j'ai ſouffert pour en ſoutenir l'honneur. Mais je crois continuer de bien mériter d'elle, en mettant au jour les complots révoltants qui ſe forment, ou du moins ſe natu-raliſent dans ſon ſein. Les fluides les plus purs produiſent toujours quelque écume quand ils ſont agités : ce n'eſt qu'en ſoufflant ſur ces excreſcences ſuperflues, qu'on parvient à rendre à la liqueur ſa premiere limpidité ; de même, au milieu des factions qui diviſent l'Ordre des Avocats, des cabales criminelles ont pu y trouver quelques partiſants ; mais c'eſt travailler à ſa gloire que de démontrer qu'elles n'ont point été adoptées par cette aſſocia-tion d'hommes ſpécialement conſa-crés à l'honneur & à la vertu, & qu'étant unis pour défendre la vérité, ils ne ſe ſont point ligués pour fermer une bouche dont tout le crime eſt de l'avoir défendue.

D'ailleurs entouré d'ennemis que cette vérité m'a faits , cruellement puni d'avoir oſé le premier dans ma profeſſion (*d*) imiter l'exemple de Cicéron étant auſſi loin de ſes talents, d'avoir eſſayé de mêler le goût des Lettres à l'exercice de la Juriſpruden-ce ; pourſuivi au Barreau par des ven-geances littéraires ; inquiété dans la littérature par les haines du Barreau ; aſſez mal-adroit dans un temps où tout eſt ſecte pour avoir attaqué les plus puiſſantes , ſans ſonger à en former une ; expoſé par la fatalité des cir-conſtances à des ſoupçons d'autant plus cruels , qu'il eſt preſque auſſi dangereux pour moi de les détruire

---

(*d*) Je ſais bien que Patru a paſſé pour un homme de Lettres , & que quelques autres hommes de Robe ont feint de concilier Thémis avec les Mu-ſes : mais Patru, du vivant duquel on a recueilli toutes les Œuvres ; Patru qui, pour en groſſir le volume, y laiſſa inférer juſqu'à des Placets & des Épitaphes très-médiocres; Patru qu'on a peu lu de ſon temps , & qu'on ne lit certainement pas de nos jours , a plutôt paſſé pour un critique judicieux & ſévere, que pour un homme de Lettres diſtingué. Au reſte en me comparant à lui , je ne prétends pas avoir mieux fait que lui , mais ſeulement avoir plus fait.

A 4

que de les laisser subsister, à des
soupçons qui m'ont attiré le ressentiment d'un parti que je n'ai point attaqué , tandis qu'ils ne me font d'aucune utilité auprès de l'autre que je
n'ai pas servi ; plaint en secret par
des amis plus vertueux que braves ,
plus justes que courageux , & par
conséquent peu propres à montrer
cette intrépidité qui seule terrasse &
subjugue le préjugé ; isolé au milieu
de ce flux & reflux terrible de pas-
sions qui sollicitent ma perte , & qui
voudroient assurer mon déshonneur ,
j'ai besoin d'une apologie générale
qui me montre enfin tel que je suis.
Il faut fournir aux honnêtes gens
sensibles , dont la race n'est pas
encore éteinte , & qui m'estiment
sans me connoître , une arme avec
laquelle ils puissent imposer silence
à mes persécuteurs dont la plupart
ne me connoissent pas davantage.
Si après m'avoir lu , ceux-ci peuvent me haïr encore , ce ne sera pas
du moins sans éprouver des remords,
& tôt ou tard la force de la vérité les
désabusera.

Ma justification sera courte & simple. Je connois tout le rifque que l'on court à parler de foi ; je fais les égards que doit un homme malheureufement contraint de fe juftifier, à l'amour propre, ou à la bizarrerie du Public. S'il s'humilie, il dégoûte, on le méprife : fi le fentiment de ce qu'il eft, lui donne une contenance fiere, il choque, on le hait. Tâchons de paffer entre ces deux écueils fans nous y brifer, & d'éviter également la hauteur qui rend odieux, & la baffeffe qui avilit.

Je n'ai prefque que des faits à offrir. C'eft le miroir de ma vie que je préfente à mes Confreres, aux Magiftrats & au Public ; la calomnie a pu le ternir, la vérité va lui rendre fon éclat.

Si l'on trouvoit dans ce Mémoire quelque vivacité, malgré mon intention, qu'on fonge que je ne fais ici que me défendre, & que c'eft le rôle que j'ai toujours rempli ; je fuis attaqué ; je le fuis par des voies indignes ; je le fuis dans mon état, dans mon honneur, & par conféquent dans ce qu'un homme qui veut jouir de quelque eftime, a de plus cher après sa vertu. Depuis deux ans & plus, M^e. Gerbier est, à mon égard, le calomniateur le plus acharné ; depuis trois mois il est devenu mon délateur personnel. (*e*) C'est lui qui, par des voies honteuses, a

(*e*) M^e. Gerbier a en son propre nom une affaire, où l'on répete contre lui les titres d'une créance de plus de 300000 liv. qu'on soutient avoir été soustraits ou égarés dans son Cabinet. Il a été impossible, l'année derniere, aux *freres Michelin*, ses parties, de trouver des défenseurs. Absorbé par l'affaire du Comte de Morangiés, je n'ai pas cru devoir leur donner des secours, qui auroient infailliblement augmenté mes embarras, en raison de ce qu'ils auroient été plus nobles & plus désintéressés.

D'ailleurs, je l'avoue, accusé déja de ne pas marquer assez d'égards pour mes Confreres, ayant déja eu avec M^e. Gerbier des prises publiques, où ma jeunesse, & peut-être les circonstances avoient empêché qu'on ne vît combien je méritois peu de reproches, j'ai craint qu'en me voyant chargé d'une affaire si sérieuse contre lui, on ne me soupçonnât d'avoir été décidé par la vengeance plus que par la justice, & que ce préjugé ne nuisît aux freres Michelin. J'ai donc toujours éludé leurs instances.

Mais elles n'ont pas été inconnues à M^e. Gerbier ; soit que me jugeant peut-être d'après lui-même, il ne crut pas mon refus sincere, soit qu'il appréhendât que les unes ne devinssent plus vives, & l'autre moins constant, quand on emploieroit sur mon cœur les moyens qui l'ébranleront toujours, le malheur & la vérité, il a dès-lors formé le plan de m'écarter du Barreau. Les événements l'ont bien servi. Ses craintes, mariées au ressentiment des Juges du Bailliage du Palais, de M^e. Caillard, &c.

conduit fur ma tête l'opprobre que le plus facré des devoirs m'oblige de repouffer. Il a féduit contre moi quelques Confreres qui n'ofent combattre fes paffions, ou qui les partagent. Il n'a pas rougi d'articuler devant eux pour les animer, que tous mes ouvrages étoient le *fruit de l'impiété, de la révolte, ou de la corruption, qu'il n'y en avoit pas un où je n'euffe bravé la Religion, le Gouvernement & les mœurs.* J'ai rendu pour tous ces faits de cabale & de calomnie, une plainte dont je n'ai fufpendu le cours, que par un refte d'égards que j'ai cru devoir à la confraternité qu'il viole. Il n'y a point de facrifices que je n'aie offerts, point de démarches que je n'aie multipliées pour éviter cette extrêmité. Ma déférence n'a fait qu'affermir fon dédain, & ma foumiffion qu'accroître fa fureur, parce qu'apparemment il l'a prife

ont enfin produit la perfécution contre laquelle je réclame ici.

Au refte, je déclare que me croyant quitte des égards de la confraternité envers Mᶜ. Gerbier, je me fuis chargé de l'affaire des freres Michelin, & je ne tarderai pas à la mettre fous les yeux de la Juftice.

pour de la foibleffe. Il faut que de pareils procédés aient un terme, & fi, à tous les travers qu'il s'eft permis envers moi, il ofoit joindre celui de fe plaindre de ma juftification, les honnêtes gens n'auront fans doute rien autre chofe à lui répondre, finon

C'eft toi qui l'as voulu.

§ I.

Ma conduite depuis que je fuis au Barreau, jufqu'en 1770.

Il y aura le 9 Mai prochain précifément neuf ans que j'ai l'honneur d'être Avocat. Des idées vagues d'indépendance, l'amour des voyages m'avoient écarté jufque-là de tout engagement folide. Le vœu d'une famille, la néceffité d'être quelque chofe me firent, à vingt-huit ans, penfer à un état ; le Barreau me parut celui qui convenoit le plus à mon amour pour la liberté, à mon goût naturel pour les lettres. J'arrivai dans ce pays tout nouveau pour moi, avec les préjugés d'un efprit plus familiarifé avec les livres qu'avec les hommes.

J'étois fanatique, je l'avoue, de la nobleffe de ma profeffion ; ivre de cet enthoufiafme dont la candeur de la jeuneffe eft fufceptible ; plein de la lecture des Cicéron & des Démofthene ; enflammé par le fouvenir de leurs fuccès ; rempli d'une vive émulation par l'idée de la gloire attachée à la carriere qu'ils ont parcourue , je ne fongeois pas que ces grands hommes ont dû la leur , moins à leurs talents peut - être , qu'au bonheur d'être nés fous une adminiftration qui en facilitoit le développement. J'oubliois que nos Orateurs ne font plus ceux de Rome, & que parmi nous la *robe* eft bien loin de la *toge*.

Je ne foupçonnois pas même que l'envie, la rivalité puffent être admifes dans une affociation dont l'honneur & la délicateffe me fembloient être le lien par effence. D'après ces étranges erreurs , je m'étois fait d'un véritable Avocat un portrait tel que le délire de mon âge avoit pu le tracer. Je me le repréfentois comme le foldat de l'honneur & de la vérité. J'y voyois un ennemi implacable de l'injuftice & de l'oppreffion, armé pour les attaquer fous quelque forme qu'elles fe montraffent ; forcé, fous peine d'être regardé comme un lâche dé-ferteur, d'augmenter de zele & de chaleur en raifon de la foibleffe, de l'impuiffance de fes clients, & de ce que l'intrigue ou l'impofture lui oppofoient d'obftacles ; engagé à fe facrifier, s'il le falloit, pour repouf-fer leurs efforts, & à périr fur la breche, s'il ne pouvoit les en chaf-fer. Enfin, examen fcrupuleux avant que d'entreprendre (*f*), intrépidité inébranlable après avoir entrepris, telle étoit la formule du ferment que tout Avocat, fuivant les bouillons de mon effervefcence, devoit fe

(*f*) Ai-je tenu parole ? qu'on me juge. D'après le calcul que j'ai donné pages 56 & 57, *des Obfer-vations* pour le C. de M. on y verra que depuis que je fuis au Palais, je n'ai pas perdu dix cau-fes, & j'en ai traité plus de cent. L'année der-niere, entre autres, j'ai gagné fans exception toutes celles dont je me fuis chargé. Cependant, écoutez mes ennemis ; ils vous affureront que je ne me charge que des plus mauvaifes affaires, que je les perds toutes, & ce qu'il y a d'étrange, ils le perfuadent.

prêter à lui-même. J'apportois, comme on voit dans cette profession, au moins une partie de qu'il falloit pour la faire avec éclat & m'y perdre.

En me décidant à m'attacher à l'Ordre qui s'y confacre dans la Capitale du Royaume, je me fentois les facultés néceffaires pour y être accueilli, aux talents près, qui n'y occupent que le fecond rang : j'y découvrois de grands exemples de défintéreffement & de vertu, mais je ne le voyois encore que de loin. J'en jugeois, comme on le fait de la lune quand on l'examine à l'œil nu. Elle offre une furface brillante dont rien n'égale la blancheur. S'en rapproche-t-on par des lunettes, on y apperçoit des endroits fombres, des creux incapables de réfléchir le moindre rayon, & l'on eft furpris d'avoir attribué à la totalité de cet aftre un éclat qui n'eft dû qu'à certaines portions de fa furperficie. De même tout m'avoit paru éclairé dans le Barreau, tant que je ne l'avois obfervé que de loin, & avec la vénération dûe aux objets que l'on ne connoît pas.

L'expérience vint bientôt m'offrir fon trifte télefcope : je vis les chofes comme elles étoient, & le Palais dans fon vrai point de vue.

J'y découvris les cavités & les points lumineux. La rivalité , la haine , le goût des manœuvres, toutes les paffions juftement reprochées aux gens de lettres , s'y développoient avec fureur. Elles prenoient même au Barreau un degré d'activité de plus , parce que dans la littérature on ne prétend guere qu'à la gloire , au lieu qu'ayant fous la robe à fe difputer à la fois la gloire & la fortune ; le prix attaché à la confiance des Clients , rendant plus intéreffante la réputation qui la motive , les efforts pour déplacer un concurrent , doivent être plus violents , & les bleffures que fait la jaloufie, plus incurables.

Elle me fit bientôt l'honneur de me diftinguer. Une occafion précieufe à mon cœur me rendit un objet digne de fon attention.

On fe rappelle cette affreufe affaire de la mutilation du Chrift d'Abbeville : le reffentiment d'un Juge , mort depuis , l'équivoque d'une plainte rendue par le Ministere public, avoient conduit sur l'échafaud deux enfants dont la naissance , l'âge, & peut-être la conduite , sembloient mériter plus d'indulgence. Trois autres enfants encore plus jeunes impliqués dans ce cruel Procès, paroissoient perdus pour leur famille & leur patrie. J'écrivis pour eux , les yeux s'ouvrirent , on rougit du passé. Leur innocence fut reconnue & constatée sans contradiction. J'avois eu les bras liés jusque-là. On crut , non sans apparence de raison, que les deux autres auroient joui du même avantage, si la défense avoit pu précéder leur condamnation.

Ce succès éveilla l'envie. Les Cicérons modernes , ceux à qui sembloit appartenir le droit exclusif de recueillir des palmes dans l'arene du Barreau, m'apperçurent avec surprise si près d'eux ; sans qu'ils en eussent été avertis. Ils furent étonnés , & peut-être alarmés, que cet ouvrage & quelques autres qui suivirent , fussent les productions d'un individu isolé , que personne n'annonçoit, &

qui ofoit fe hafarder feul dans les labyrinthes de la Jurifprudence.

C'eft encore une obfervation que je n'avois pas faite. J'ignorois que pour fe ménager un accès facile à notre Barreau, il fallût s'attacher aux pas d'un ancien qui fût prêt à l'abandonner, choyer fa décadence, épargner à fa main fatiguée, & quelquefois à fa tête épuifée, les travaux qu'exigeoit la confiance publique, lui facrifier fa propre jeuneffe, en attendant le moment de s'approprier un jour celle d'un autre; enfin nouvel Elifée recueillir le manteau de quelque vieil Elie, & ne débuter dans fes effais, qu'à l'abri de cette égide refpectable.

J'ai appris depuis que cette méthode avoit fait prefque tous les fuccès qu'on y a vus & qu'on y voit. C'eft ainfi que Me. le Normand, Me. Gueaux de Reverfeaux, Me. Doulcet, &c. ont laiffé des réputations toutes faites à des fucceffeurs qui fe préparent des héritiers. Je n'avois point deviné cette politique affez bien entendue. Mon âge d'ailleurs, & peut-être même mon caractere, me l'auroient interdite quand j'en aurois eu l'idée. J'errois donc au Palais, sans protecteur, sans cautions ; une figure inconnue & peu prévenante, un air timide que l'on pouvoit croire sauvage, ne détruisoient pas les impressions que l'on tâchoit d'accréditer contre moi. Je paroissois bon à écraser, parce que l'on présageoit qu'un jour je pourrois écrire passablement, & facile à écraser, parce que je ne tenois à rien.

Enfin un dernier grief est venu confirmer tous ceux-là ; j'avois du loisir : les Juges de Province ne brûlent pas tous les jours des jeunes gens, & l'attention publique ne s'attache guere qu'aux affaires qui portent sur de grandes infortunes ou sur de grandes singularités. J'en traitai sans bruit plusieurs qui n'employoient pas tout mon temps. Accoutumé à m'occuper de la littérature, & à méditer assez profondément sur ce qui intéresse la société, je cédai à l'envie d'imprimer quelques productions relatives à l'une, & le système que je m'étois formé sur l'autre.

Dans l'efpace de moins de quatre ans, je donnai fucceffivement l'*Hif-toire des Révolutions de l'Empire Romain*, celle du *feizieme Siecle*, plufieurs autres volumes fur différentes matieres, & enfin *la Théorie des Loix*, ouvrage fi indignement, fi cruellement jugé, & pour mon bonheur peut-être, fi peu lu, ouvrage décrié comme un panégyrique du defpotifme, & où des yeux fans paffion verroient le plus utile monument peut-être qui exifte de l'amour de la liberté; ouvrage qui porte tout entier fur ce principe bien neuf, il eft vrai, bien terrible pour les hommes puiffants & prévaricateurs, mais bien confolant pour tous les autres, que le bonheur d'un gouvernement confifte dans la faculté de punir fans exception quiconque ofe être injufte avec un titre, & de rendre même le châtiment plus prompt, plus facile en raifon de l'élévation du coupable; ouvrage enfin où je ne ferois pas étonné qu'on cherchât un jour [de quoi me pourfuivre comme un Républicain furieux, avec autant d'injuſtice, qu'on a prétendu y trouver des motifs pour m'accuſer d'être le flatteur de la tyrannie. C'eſt peut-être cette étrange mépriſe qui a fait juſqu'ici ma ſûreté. Je ne crains pas de révéler à mes ennemis ce ſecret important. Ils en pourront un jour faire uſage. Un peu d'inconſéquence ne doit pas les effrayer. Quand la haine eſt-elle conſéquente ?

On vit donc dans la théorie des Loix ce qui n'y étoit point : on n'y vit rien de ce qui y étoit. Je réfutois ſouvent M. de Monteſquieu. Les Juriſconſultes qui l'avoient dédaigné vivant, & qui ſans le lire l'accablent de louanges depuis ſa mort, furent émus des cris de ſes amis, à qui mes obſervations paroiſſoient autant d'outrages pour ce grand homme. Les uns & les autres ne rougirent pas d'employer les calomnies, pour le venger & ſe venger eux-mêmes ; il y en eut de puériles, il y en eut d'atroces. Le préjugé aveugle, le reſſentiment impitoyable, la jalouſie inquiete, la crédulité pareſſeuſe, ſe réunirent pour me perdre. De toutes ces impreſſions accumulées ſe forma dans le petit athmofphere du Palais, un orage furieux auquel il n'étoit pas probable que je puffe réfifter.

Mais une expérience cent fois réitérée, a démontré une vérité honorable à l'Ordre des Avocats ; c'eft que, fi la jaloufie, l'intérêt, toutes les paffions honteufes agitent quelquefois un certain nombre de fes Membres, le Corps s'en eft toujours montré exempt ; c'eft qu'il n'a jamais manqué de s'y trouver des hommes honnêtes qui voient la vérité, qui la goûtent, & qui la font goûter aux autres. Pareil aux tourbillons de Defcartes, où le repos général naît du mouvement des parties, où chaque chofe refte en fa place, parce que tout tend fans ceffe à s'en écarter, ce Corps fingulier, dès qu'il eft affemblé, revient invinciblement à l'honneur, à la juftice, dont fes agitations inteftines fembloient devoir l'éloigner. La fermentation qu'il éprouve, ne produit que des réfolutions équitables ; & s'il s'eft quelquefois compromis, ce n'eft que par des diverfions particulieres qui n'ont jamais été le vœu univerfel.

Je réclamai ce vœu au moment où il s'agit de m'infcrire fur le *Tableau*, de completer mon exiftence d'Avocat par cette initiation folemnelle. Alors les calomnies s'évanouirent, les paffions fe turent. Je reçus, & même avec des diftinctions flatteufes, ce caractere facré qui me manquoit.

L'équité du Corps ne réforma point l'injuftice des particuliers. La raifon en eft fimple. Le Corps ne me difputoit rien : mais les particuliers croyoient avoir des occafions fréquentes de me difputer beaucoup. Telle a été ma fituation jufqu'en 1770.

§ I I.

Ma conduite depuis 1770.

On connoît les événements qui ont fuivi cette époque. Je ne fuis point l'Hiftorien des troubles de ma Patrie. Accablé comme mes Confreres, & plus qu'eux peut-être, je me confinai dans une chétive maifon que je louai à quatre lieues de Paris.

Tandis que j'y essayois, dans la plus profonde solitude, de me distraire de mes douleurs présentes & de mes craintes pour l'avenir, on me déchiroit, on m'outrageoit, on me calomnioit à Paris avec indignité. On m'associoit à des événements dont je n'avois de connoissance qu'avec le Public. On me présentoit comme le détracteur de la Magistrature, le déserteur de mon Ordre. On me dévouoit à des ressentiments bien redoutables, en m'attribuant des productions que je n'ai même jamais lues : & quel étoit le fondement de ces préjugés qui ne font pas encore détruits, ou au moins, dont l'effet subfiste encore ? Ma *Théorie des Loix*, ou plutôt l'erreur affreuse commife au fujet de ce livre. Je devins, dès ce moment, l'objet de la haine ardente, univerfelle & non moins injufte de tous les hommes attachés à des opinions qui confervent encore de nombreux partifants.

On peut penfer combien cette fituation, cette injuftice me déchiroient cruellement le cœur. J'étois
dans

dans le plus violent défefpoir ; &,
pour comble de malheur, comment
me juftifier ? Il n'étoit pas plus fûr,
comme je l'ai déja obfervé, de parler que de me taire. Prouver mon
innocence à de certains yeux, m'auroit rendu criminel à d'autres. Sujet
refpectueux, Citoyen compatiffant,
Confrere fidele, j'éprouvois combien
il eft dangereux, dans les temps de
divifion, de n'aimer que fon Prince,
fa Patrie & fon devoir.

Accablé de tant de penfées affli-
geantes, j'allois me retirer au fond
d'une Province, & attendre le moment où il me feroit poffible de détruire la calomnie par la vérité, ou celui
du moins où je n'aurois plus d'intérêt à l'attaquer, lorfque la Saint
Martin de 1771 arriva : elle avoit
été précédée par de grands mouvements entre les Avocats : vingt-huit
d'entr'eux s'étoient affemblés pour
fe déterminer entre une retraite oi-
five, ou une rentrée laborieufe. Ils
fe déciderent pour la rentrée. Cette
impulfion donnée à l'Ordre, en en-
traîna toute la maffe. Cinq cents
& plus de Jurifconfultes prêterent

ferment , le 11 Novembre 1771.

Fidele à suivre tous les mouvements de mes Confreres, je partageai celui-là : mais il n'est pas inutile d'observer que je n'avois pas été du nombre des vingt-huit. Toujours seul , quand il n'étoit question que de démarches particulieres, toujours attaché à la regle, à la confraternité , dans les choses publiques , remplissant avec la plus minutieuse exactitude mes devoirs en tout genre , j'avois quitté le Barreau avec tout le monde ; j'y reparus avec tout le monde.

Tout y étoit bien changé. Nos places étoient prises par des rivaux disposés, il est vrai, à nous les céder. Mais pour les occuper, il falloit se dévouer à la partie la plus pénible de nos fonctions, à la plaidoierie. Le nouveau Réglement restreignoit les instructions par écrit. Il présageoit assez qu'il n'y auroit presque plus que des affaires d'audience. Il n'alloit donc y avoir d'occupation que pour les anciens Avocats dans la consultation, & pour les jeunes dans la plaidoierie. J'étois trop peu âgé pour me placer dans la premiere claffe , & tout fembloit m'écarter de la feconde. Avec une conftitution délicate , minée par le travail & par les chagrins ; avec un extérieur peu avantageux ; avec une voix à laquelle je ne foupçonnois ni étendue , ni flexibilité, devois-je braver les fatigues du Barreau ? D'ailleurs, n'ayant de ma vie paru en public , ne m'étant jamais deftiné à porter la parole , étoit-il prudent de me compromettre par un effai , qui , même en réuffiffant , ne pouvoit , d'après mes facultés apparentes , jamais être bien brillant , & qui en ne réuffiffant pas , m'expofoit à une forte de dégradation dont mes ennemis alloient profiter ?

Mes amis m'én détournoient. Un inftinct fecret l'emporta fur leurs repréfentations ; il n'y a point , je crois , d'amour propre à dire que j'obtins des fuccès qu'ils n'attendoient pas. Soit la fingularité des affaires , foit la maniere de les traiter , un concours nombreux honora mes audiences ; le Palais n'étoit plus depuis long-temps qu'une hideufe folitude :

il fallut alors, ce qui n'étoit jamais arrivé, employer des gardes pour écarter ou contenir la foule. Il eût reconnu ſes beaux jours, ſi tant d'affluence avoit eu pour objet un Orateur moins nouveau, & des talents plus exercés.

Quel qu'en fût le motif, elle bleſſa cruellement des gens à qui des ſalles déſertes auroient mieux convenu. Tous les préjugés occaſionés par *la Théorie des Loix*, furent renouvellés & confirmés par les ſuccès de ſon auteur dans une carriere où il ſembloit ne s'être jeté que par une ſuite de ſes principes. De là le reſſentiment incurable d'une infinité de mes Confreres & de leurs partiſants.

Ceux même qui partageoient ouvertement avec moi ces fonctions ouvertement repriſes par tous, contents autrefois de la gloire obſcure que diſtribuoit un Auditoire circonſcrit, ne me pardonnoient pas de les avoir tranſplantés ſur un théatre plus étendu, où les ſuffrages déſintéreſſés n'étoient pas toujours en leur faveur. Ils m'accuſoient de chercher à ſéduire le Public, comme ſi cette

étrange féduction pouvoit jamais devenir un grief contre un homme
qui parle en public. Tout les ulcé-
roit, jufqu'à la tranquillité que j'o-
fois porter dans ces combats où la
conviction de la vérité & ma confiance dans l'équité des Juges, me
donnoient en effet une affurance
que je ne cherchois pas à diffimuler.
Cette férénité, ils l'appelloient *or-
gueil :* ils fe croyoient bravés, parce
qu'entré d'hier dans la lice, je n'é-
tois pas plus timide qu'eux qui s'y
exerçoient depuis vingt ans.

Leur aigreur fecrete fe manifef-
toit à toute rencontre. Dans l'affaire
du M.... de G.... Me. Gerbier ; dans
celle de la Dame de Bombelles,
Me. B.... affecterent de m'infulter
avec une licence dont il n'y avoit
pas eu jufqu'alors d'exemple au Barreau. Il fallut bien répondre ; & dès-
lors on m'accufa ouvertement d'avoir
changé le ton du Barreau, d'y avoir
introduit l'ufage des *farcafmes*, moi
qui en avois été le premier objet,
& qui n'avois employé cette reffource, fi l'on veut qu'en effet je l'aie

employée, que pour me garantir d'en devenir la victime.

Enfin vint l'affaire du Comte de Morangiés. Je n'en ferai point ici l'histoire, quoiqu'elle ne soit qu'à moitié connue. La fermentation qu'a produite cet effrayant Procès, est trop nouvelle pour qu'on l'ait oubliée. C'est alors que j'ai rempli les devoirs de ma périlleuse profession dans toute leur étendue, & que j'ai tâché de ressembler au portrait que mon imagination m'avoit tracé d'un homme digne de porter ce nom.

Prévention, manœuvre, crédit, autorité, il falloit tout choquer, tout combattre. Je n'hésitai pas. Témoin du déchaînement de la moitié peut-être de la Nation ; menacé, compromis dans ma personne ; outragé publiquement aux Audiences ; indignement calomnié dans les écrits ; sourdement attaqué dans la procédure, & par des moyens...... mais j'ai promis de me taire : ayant à me défendre des frayeurs de mes amis, plus encore que des intrigues de mes Adversaires ; seul contre un monde entier d'ennemis, j'ai présenté ma tête aux pieds de la Justice, pour garantir celle d'un innocent que son bras trompé alloit affaffiner. J'ai fait voir au Public de quelle reffource pouvoit encore être, même dans nos fiecles d'abâtardiffement & d'inertie la profeffion d'Avocat, exercée par un homme integre & ferme, chez qui le courage de l'efprit eft produit par la droiture du cœur.

Qu'on me pardonne de parler ainfi de moi-même. J'en ai affez chérement acheté le droit ; & d'ailleurs, s'il eft permis à mes concurrents de multiplier des impoftures pour me dégrader, pourroit-on me défendre de réveiller des vérités qui m'honorent ?

Enfin, j'ai vaincu : on fe rappelle comment, après une inftruction fi longue, fi violemment fuivie ; après des décrets de prife de corps, au moins fi légérement lancés, fi inutilement multipliés, & fi évidemment injuftes, eft intervenue une Sentence qui déclaroit le Comte de Morangiés coupable, & fes Adverfaires innocents ; comment, après un mûr examen, fur les mêmes pieçes, fur la même procédure, le Parlement a déclaré le Comte de Morangiés innocent, & fes Adverfaires coupables ; comment j'avois démontré la néceffité de cet Arrêt, & l'impoffibilité d'en rendre un autre (1).

Je l'avoue, je goûtai dans les premiers moments la fatisfaction d'un triomphe, & le bonheur d'avoir fait une belle action. Cette gloire m'avoit coûté bien des efforts ; mais enfin j'en jouiffois, & le plaifir préfent me dédommageoit des peines paffées. Certainement, fi le lendemain de ce beau jour, il s'étoit préfenté une Caufe à plaider contre moi, il n'y auroit pas eu d'Avocat affez hardi pour me difputer le droit de paroître aux pieds de ce Tribunal, qui venoit de me décerner une couronne. L'indignation publique m'auroit fervi de fauve-garde contre cet attentat honteux ; mais depuis le 4 Septembre, il s'eft écoulé

(1) J'obferverai cependant que, par cet Arrêt, M. de M. comme j'ai eu l'honneur de le dire à l'un de nos Princes, n'a été que juftifié. Peut-être feroit-il à fouhaiter, pour l'ordre public, qu'il eût été vengé.

bien des jours, & il s'eſt paſſé bien des choſes.

L'ignorance des uſages & des privileges d'un Conſeil de guerre, m'a expoſé un inſtant au mécontentement du Roi. Au lieu des Lettres de Nobleſſe que l'enthouſiaſme paſſager de la Nation avoit ſemblé me décerner en Septembre, j'ai reçu en Octobre une Lettre de cachet qui m'exiloit *à Chartres*. Ce châtiment paternel n'a point nui, je crois, à mon honneur; mais il a rendu le courage à mes ennemis. Ils ont penſé que le moment étoit favorable; que ſi la reconnoiſſance & l'eſtime m'avoient donné des liaiſons avec des hommes en place, elles étoient ou rompues, ou au moins affoiblies, puiſqu'elles ne m'avoient pu ſauver ce déſagrément.

Le choix honorable qu'avoit fait de moi la Comteſſe de Béthune, pour ſoutenir ſes droits au Parlement, étoit connu depuis long-temps: les papiers publics, trop ſouvent chargés des anecdotes du Palais depuis qu'elles ſemblent avoir fixé l'attention du Public, l'avoient annon-

cé. M{.}. Caillard , que ce choix mor-
tifioit ; M{.}. Gerbier , que ce choix
alarmoit , formerent le complot de
le faire échouer. Pour cela , il falloit m'ôter le droit d'y répondre ;
pour me l'ôter , il falloit un motif :
où le trouver ? Ils manquoient même
de prétexte. Les calomnies dont on
avoit essayé de flétrir ma jeunesse ,
avoient été dissipées & anéanties par
mon admission sur le Tableau. Depuis
cette époque , ma conduite n'étoit
pas même susceptible d'examen : elle
auroit fait baisser les yeux à quiconque de ces surveillants scrupuleux
auroit osé s'en rendre le Censeur.

Comment donc m'attaquer ? Ils
s'associerent avec les défenseurs des
V.... plus irrités peut-être que honteux de leur défaite, & déterminés
à substituer le plaisir de la vengeance
à celui de la victoire. Ils appelle-
rent les Avocats qui avoient eu le
malheur de participer à la procédure, à la Sentence du Bailliage, qu'un
autre malheur m'avoit forcé de discuter. Tous unis par un intérêt com-
mun, se lierent par un serment ré-
ciproque : ils jurerent de publier

que l'Ordre m'avoit exclu de la Plaidoierie ; & pour réaliser cette chi-
mere , M^e. Gerbier se chargea de
donner l'exemple d'y croire.

Tel étoit l'état des choses , quand
la bonté du Roi m'a rendu à mon
cabinet : je trouvai , à mon retour
de Chartres , mes Clients interdits :
on les effrayoit par la crainte de
compromettre leurs intérêts en s'o-
piniâtrant à les laisser dans mes
mains : on leur insinuoit qu'ils ai-
griroient les Juges , & perdroient
leur cause par cette obstination ;
comme si la Justice avoit pu entrer
dans ces misérables petites rivalités;
comme si des Magistrats avoient pu
être soupçonnés de juger des Procès
d'après la personne des Avocats , &
non d'après les raisons qu'ils présen-
tent. C'est sur-tout auprès de la Comtesse de Béthune qu'on épuisa ces
avilissantes tentatives.

N'ayant jamais regardé le malheur
de mes Clients comme un bonheur
pour moi ; n'étant point accoutumé
à l'idée de me faire de leur Procès
un patrimoine , je voulois renoncer
à une profession qu'un honnête hom-

me, à ce qu'il me fembloit, ne pouvoit plus exercer fans honte ou fans danger. J'allois tout quitter : cédant comme les Cimon, les Miltiade, les Ariftide, à un oftracifme glorieux, je m'éloignois du Barreau, en difant comme ces illuftres Martyrs d'une rivalité ombrageufe; fi jamais la vertu & l'honneur rentrent dans cet afyle, dont la corruption & l'iniquité m'éloignent, on montrera autant d'empreffement pour m'y rappeller, qu'on déploie aujourd'hui de fureur pour m'en écarter.

La Comteffe de Béthune m'a fait un reproche de facrifier fes intérêts aux miens; elle m'a conjuré au nom de mes ferments & de fa famille défolée, de ne pas lui refufer mes fecours; elle m'a fait voir qu'ils lui étoient d'autant plus néceffaires, qu'on mettoit plus d'acharnement à l'en priver : j'ai cédé à fes inftances, malgré le foulévement de mon cœur indigné; je n'ai rien refufé de ce qui pouvoit diffiper ces complots odieux qui fembloient me fermer le retour au Barreau : j'ai plus fait de démarches qu'il ne m'en auroit fallu fi j'avois été coupable.

On m'oppofoit la répugnance du Parquet ; je l'ai vaincue. MM. les Gens du Roi ont fait le facrifice de leur reffentiment à l'innocence de mes motifs.

On m'oppofoit un Arrêt rendu le 2 Juillet, qui fembloit, difoit-on, autorifer le prétendu vœu de l'Ordre. Un nouvel Arrêt du 17 Janvier, a déclaré *qu'on ne pouvoit pas induire des termes du précédent, que la Cour ait jamais entendu me priver de l'exercice de mes fonctions.*

On defiroit le confentement même des Avocats réfractaires. C'étoit me faire expier bien cruellement la gloire de ma fermeté paffée. J'ai encore dévoré cette humiliation. Je les ai vus : j'ai reçu d'eux des paroles ; Me. Gerbier, Me. Caillard, leurs Confreres en Bailliage voyoient échapper leur victime. Qu'ont-ils fait ? Par une fuite de trahifons dont je fupprime les détails, huit d'entr'eux fe font réunis une premiere fois chez Me. Gerbier lui-même le 23 Janvier, & treize au Palais le premier Février : dans l'une de ces prétendues affemblées on avoit propofé de m'engager à *m'abftenir volontairement de la Plaidoierie pendant un an* : quatre hommes honnêtes & impartiaux qui s'étoient trouvés là fans y avoir été mandés, avoient rejeté ce ridicule expédient. Le premier Février on prit mieux les mefures : les huit du 23 Janvier fe trouverent avec du renfort au Palais : là ils agiterent s'il y avoit quelque moyen de m'exclure. Enfin treize prononcerent pour l'affirmative ; mais le bruit de cette étrange affemblée s'étant répandu, onze hommes équitables, dont plufieurs ne m'ont jamais vu, s'y rendirent, & s'oppoferent nettement à l'exclufion. Si les détails à ce fujet n'étoient pas faftidieux par la petiteffe de l'objet, le récit du manege de M^e. Gerbier, l'art qu'il a prodigué fur ce théatre obfcur, ne feroit pas indigne de l'attention du Public. Il feroit curieux de voir avec quelle fineffe, en excitant fes dociles agents à montrer de la fureur, il affeĉtoit du calme ; comment, voyant le projet de l'exclufion rejeté & la raifon près de l'emporter, il a propofé lui-même l'extravagante fufpenfion conçue & adoptée chez lui le 23 ; & comment, par la défertion d'une voix, il eft parvenu,

la fienne comprife, à en compter quatorze qui la ratifioient, contre dix qui
l'ont opiniâtrement rejetée. Cette mo-
dification fuffifoit apparemment à M^e.
Caillard & à lui. Elle offroit un prétexte pour m'enlever à la Comteffe de
Béthune. Seroit-il poffible qu'ils fe
fuffent flattés que preffée par le temps,
elle ne pourroit fe difpenfer de retom-
ber dans les bras qui l'avoient fi foi-
blement fervie au Châtelet, & que
défendue par l'un d'eux, elle fuccom-
beroit infailliblement fous les efforts
de l'autre ?

Et voilà donc où en eft réduit le
Barreau ? Voilà les manœuvres que fe
permettent des hommes qui prétendent à la gloire de l'éloquence, & qui
fe difent les vengeurs, les reftaura-
teurs de l'honneur d'un Ordre dévoué
au maintien des Loix. Prouvons que
les Tribunaux doivent févir contre ce
délit d'un genre nouveau, & que ceux
que la confiance publique a prépofés
pour réclamer l'exécution des Loix,
n'ont pas le droit d'affaffiner impu-
nément leurs Confreres & leurs Clients
fous les yeux & dans le Temple de la
Juftice.

§ III.

La Délibération du premier Février est illégale.

L'état d'un Citoyen est la portion la plus précieuse de son existence ; & quand cet état tient à son honneur, quand on ne peut le lui enlever sans le couvrir d'opprobre, il devient bien autrement intéressant pour lui, & plus respectable pour quiconque seroit tenté d'y porter atteinte. Voilà des principes triviaux, & que tout homme capable de réfléchir trouvera dans son cœur.

Les membres de la Société ont pour surveillants & pour protecteurs, s'ils en sont dignes, ou pour réformateurs, s'ils le méritent, les Tribunaux ordinaires. Les Avocats trouvent les mêmes secours ou la même sévérité dans le sein de leur Ordre. Un usage devenu Loi, & justifié par les motifs les plus sages, ainsi que par l'expérience la plus honorable, comme je l'ai déja dit, assure à cet Ordre la prérogative d'exercer une discipline absolue, une police despotique fur tous fes Membres. Il a fur eux le droit de vie & de mort. C'eſt une démocratie parfaite: on y retrouve le Gouvernement d'Athenes dans fes beaux jours, & fouvent fon éloquence & fes vertus. À Dieu ne plaife que j'en attaque les prérogatives & les franchifes ! J'ai trop hautement fou-tenu les unes & les autres pour qu'on puiſſe me foupçonner jamais de cher-cher à les détruire. Elles font pré-cieufes, elles font refpectables, & ce font auſſi précifément elles que je ré-clame. Ce font elles que j'accufe mes antagoniſtes de violer.

Sans doute, fi dans une caufe fuf-pecte un homme d'une réputation équi-voque produifoit dans l'arene facrée de la Juſtice, un défenfeur flétri, foit par une exclufion légale, foit par quel-que défordre honteux & notoire dont il auroit plutôt évité le châtiment que l'ignominie ; les interpretes des Loix pourroient fe croire humiliés par une femblable concurrence. Ils feroient autorifés à fuir une lutte où la vic-toire feroit peu honorable, & la dé-faite infamante. Comme Alexandre difoit : fi vous voulez que je combatte, donnez-moi des Rois pour rivaux , ils auroient droit de crier aux Juges & aux Parties , ne souffrez ici que des concurrents honnêtes, ou pardonnez-nous d'abjurer des fonctions que l'on veut avilir.

Mais, quand dans une affaire qui partage les Jurisconsultes , une famille distinguée présente un défenseur légalement autorisé , ennobli peut-être par le vœu de la nation, ou du moins par sa conduite & les sentiments de son cœur ; que deux hommes guidés par des motifs de rivalité, de jalousie, par de plus bas encore peut-être , forment une ligue pour l'exclure avec ignominie ; qu'ils osent souiller le nom d'un Ordre composé de plus de six cents hommes éclairés & vertueux , qu'ils n'ont point consultés , en les donnant pour complices & pour garants de cette iniquité outrageante ; que l'objet de cette cabale honteuse se trouve tout d'un coup chargé du déshonneur attaché au crime , sans avoir de ressource pour se défendre ; qu'on ose se flatter que les Tribunaux se fermeront non-seulement aux besoins des Clients qui ont eu le courage de l'apprécier

& de lui rester attachés, mais même à sa propre justification ; que les intérêts des uns soient compromis s'ils ne renoncent à se servir des talents qu'ils croient à l'autre , & des lumieres qu'il lui supposent ; ce n'est plus là le privilege des Avocats : c'est une insulte faite au bon sens , à l'humanité , à la Justice ; c'est, encore une fois , un assassinat d'une espece inouïe jusqu'à nos jours. Et si , sous prétexte de la liberté d'un Ordre , il en existoit un dans la Société où une pareille licence fût tolérée , celui-là deviendroit bientôt l'opprobre ou le fléau de tous les autres. Voilà cependant à la lettre , ce qui se pratique envers moi, à l'instigation de M^e. Gerbier.

Tout Avocat inscrit sur le Tableau, a incontestablement le droit de plaider & d'écrire. Toute Partie qui en consultant cette liste glorieuse y a choisi un nom, ne peut être forcée de changer son choix que par la mort civile ou physique de celui qui le porte. La mort civile d'un Avocat est *la radiation* ; mais pour le condamner ainsi au dernier supplice, croit-on qu'il n'y ait aucune formalité à observer , aucune précaution à prendre ? L'honneur d'un homme deftiné à défendre celui des autres , feroit-il fubordonné au caprice de quiconque voudra l'attaquer ?

Une regle facrée , établie & jamais violée jufqu'ici, a ftatué qu'un Avocat fur le Tableau n'en pouvoit être rayé que par une affemblée générale de l'Ordre , convoquée & préfidée par le Bâtonnier ; que même pour une fimple fufpenfion , il falloit une affemblée également convoquée & préfidée par le Bâtonnier , & compofée au moins des anciens Avocats avec les Députés des Bancs. Cet ufage eft fondé fur un axiome de Jurifprudence ou plutôt de raifon , univerfellement confacré : c'eft qu'on ne peut être *deftitué* , que de la même maniere que l'on a été *inftitué* ; c'eft qu'on ne peut perdre une qualité qu'on a , que par l'intervention du même pouvoir de qui on l'a reçue. Or l'admiffion au Tableau étant réellement l'ouvrage de la feconde de ces affemblées , & cenfée ratifiée par la premiere , la radiation , même provifoire en exigeoit au moins une des deux. Ici l'une ou l'autre a-t-elle eu lieu ? Non , & on ose affirmer que je suis rejeté par l'Ordre !

Quoi ! quatorze hommes qui , dans le conciliabule même auquel ils tâchent d'approprier ce nom qui les condamne , ont trouvé dix contradicteurs inébranlables , prétendront enchaîner par leurs décisions passionnées , six cents de leurs égaux qui n'ayant ni concouru , ni voulu concourir à la condamnation de leur Confrere , sont censés avoir voté pour son absolution ! ils se prétendront les Maîtres exclusifs du Barreau ! Quiconque aura le malheur d'être préféré à M^e. Caillard pour soutenir , sur l'appel , des causes que celui-ci aura perdues en premiere instance ; quiconque aura fait faire à M^e. Gerbier un essai malheureux en débutant dans la carriere , & lui aura fait sentir qu'un cœur noble est préférable dans ce saint ministere à un organe brillant ; quiconque sera forcé de discuter des Sentences du Bailliage du Palais , & réussira à arracher à cette Jurisdiction une proie qu'elle se flattoit d'égorger avec pompe aux pieds de l'impofture ou de l'erreur ; tous ceux qui auront avec moi cette trifte reffemblance de fuccès & de fermeté, feront égorgés eux-mêmes au lieu de la victime qu'ils auront fauvée, ou ils expieront par de longues humiliations l'enthoufiaf-me courageux qui les aura rendus redoutables ! Que déviendront donc les regles, que deviendront les idées reçues, que deviendra l'exiftence des hommes, fi un pareil abus eft toléré, & fur-tout au Barreau ?

Cette prétendue délibération n'of-fre qu'une affemblée fans Chef & un Corps fans tête. Profcrite par le nom-bre infiniment grand de tous ceux qui n'y ont pas concouru, réprouvée par la partie la plus honnête de ceux même qui ont eu la complaifance d'y concourir, elle ne préfente qu'un monument fâcheux des excès où la fureur & l'intérêt peuvent emporter des hommes faits pour être fages & défintéreffés. Du côté du réfultat, elle ne mérite donc aucune attention de la part des Magiftrats.

Mais, fi on l'envifage par la maniere même dont ce réfultat s'eft formé, combien deviendra-t-elle plus odieuse & plus aviliſſante ! Suppoſons qu'en effet quatorze perſonnes ſans miſſion, ſans autorité, ſans pouvoir d'aucune eſpece, malgré mes proteſtations le plus ſolemnellement énoncées, euſſent le droit de me citer devant elles & de me juger : au moins pour donner à cette ſcene l'apparence d'équité qui pouvoit ſeule en aſſurer le ſuccès, falloit-il y reſpecter les bienſéances & la forme des jugements. Une des premieres, c'eſt de rejeter les voix de tous les Juges recuſés pour de juſtes cauſes ; c'eſt de ne pas recevoir leurs opinions, c'eſt même de les engager à ne point gêner par leur préſence celles des collegues déſintéreſſés à qui le ſort de l'accuſé eſt ſoumis. Un principe d'honnêteté n'admet pas même à opiner dans une Sentence, quiconque ayant eu des démêlés vifs ou récents avec la partie, peut être ſoupçonné d'en conſerver encore du ſouvenir & du reſſentiment. Comment donc ſe fait-il qu'un des Défenſeurs des Vérons, & leurs protecteurs au Bailliage, n'aient pas rougi, l'un de porter ſon ſuffrage, les au tres d'affermir par leur préſence & leurs exhortations, les réſolutions chancelantes de quelques - uns de leurs partiſants, au cœur de qui la raiſon & la vérité ſe faiſoient entendre ? Voilà déja qui eſt bien étonnant, mais voici qui l'eſt encore bien plus.

Mᵉ. Gerbier ne s'étoit pas trouvé la veille à une aſſemblée préliminaire qu'on avoit deſtinée à préparer celle du premier Février, où l'on avoit conſacré, aiguiſé avec de certaines cérémonies le poignard avec lequel on devoit me ſacrifier le lendemain. Je m'étois trouvé à celle-là. Mᶜ. Gerbier s'en doutoit : il n'aime ni en particulier, ni en public, la rencontre d'un homme ſincere ; il fit dire, il écrivit qu'il étoit malade, que *ſon Médecin l'avoit condamné à reſter au lit, à des apoʒemes, &c* : il ne parut pas ce jour-là. Le lendemain il étoit naturel que je ne me préſentaſſe pas, puiſque j'avois proteſté la veille contre l'incompétence de toute aſſemblée de ce genre. Mº. Gerbier apparut tout d'un coup au milieu de ſes partiſants. Il n'avoit

point

point l'extérieur lugubre que donne l'uniforme du Barreau ; foit pour conferver l'idée de fa maladie par l'affectation d'un refte de foiblefle , foit pour conftater fon defpotifme fur fes partifans , pour leur faire voir que par-tout où ils s'affembloient , il fe croyoit chez lui , & prouver leur dépendance en leur montrant tout fon mépris ; il étoit en petite redingote grife , fourrée , élégante , avec une bouteille de looc à la main.

Au moment où il fe préparoit à opiner avec cet équipage , on l'avertit qu'il devoit au moins fe piquer de quelques égards , qu'il étoit en Procès avec moi ; que ma plainte étoit rendue contre lui , qu'il devoit s'abftenir de voter. Déconcerté de cette déclaration , il donna fa parole qu'il n'opineroit pas , mais il fit un figne des yeux. Ses dociles agents s'écrierent auffi-tôt que celui qui l'avoit averti s'étant par-là déclaré de mes amis , devoit fortir de la Salle. Et en effet , il fut exclus ; mais M^e. Gerbier refta , & délivré de ce témoin gênant , non - feulement M^e. Gerbier a opiné , mais fa voix a été reçue ; mais elle a été comptée.

Quel est le Tribunal où de semblables manœuvres resteroient impunies ? Les hommes qui ont contracté l'engagement de les dévoiler pour le salut des autres, seroient-ils donc les seuls à qui, ou contre qui elles seroient permises ?

§ I V.

La Délibération du premier Février est un vrai délit dans l'ordre politique.

Ou les treize Associés de M^e. Gerbier ont prétendu porter un jugement, ou ils ne l'ont pas prétendu. Dans le second cas, ils n'ont fait que se livrer à un excès déshonorant pour eux & impuissant contre moi. Dans le premier ; ils ont commis un véritable crime, qui les expose à un châtiment sévere, s'il existe encore quelque respect pour les Loix.

Toute assemblée clandestine est proscrite par la Police. Toute assemblée faite sans autorisation est clandestine : or, assurément aucun de ceux qui composoient celle du premier Février, n'avoit ni pouvoir pour la convoquer, ni caractere pour y paroître (*g*). Si les Compagnies régulieres auxquelles le Prince a dispensé une portion toujours existante de son autorité , sont astreintes à des regles, quand elles veulent exercer ce pouvoir qui n'est jamais suspendu , à combien plus forte raison les usages , les formes consacrées doivent-elles être inviolables pour celles qui n'ont qu'une jurisdiction momentanée , & qui ne l'acquierent qu'à l'instant où elles reçoivent de l'exécution scrupuleuse de ces mêmes formes, une sorte de création spéciale qui la leur confere & la limite ?

Si une association qui s'en est dispensée, même sans objet criminel, est un délit , combien plus coupable encore est celle qui tend à priver un Citoyen de son état, de son honneur , & qui l'en prive ? Juger , c'est exercer la

____

(*g*) Les onze Avocats qui se sont déclarés en ma faveur, ne se sont rendus à cette assemblée séditieuse , que pour en tempérer, s'il étoit possible , les écarts , & en combattre les résolutions. Beaucoup d'autres aussi bien intentionnés , mais plus foibles , ou plus scrupuleux, n'ont osé s'y trouver : c'est l'avantage que la fureur a sur l'honnêteté. L'une est toujours audacieuse ; l'autre toujours timide.

Souveraineté. Juger fans pouvoir, c'eſt l'uſurper ; & juger à mort ſans pouvoir , c'eſt un crime de leze Ma-jeſté au premier chef. Or, je l'ai déja dit , la perte de l'état eſt pour un Avocat une véritable mort, parce qu'il ne peut pas vivre ſans honneur, & que néceſſairement la perte de cet état le couvre d'ignominie.

Au reſte, j'aurai bientôt occaſion de développer ces principes avec toute l'étendue qu'ils méritent. J'ai rendu plainte contre M^e. Gerbier, pour fait de cabale & de calomnie. (*h*) Quand l'information m'aura pro-curé les preuves légales du délit dont

(*h*) Il y a quelques Avocats à qui une plainte rendue contre des Confreres, a paru dure, & qui m'ont reproché d'attaquer par-là moi–même les pré-rogatives de l'Ordre que je réclame. Cette obſer-vation eſt bien injuſte. Que fais-je ici autre choſe que me défendre ? Que l'Autorité qui me doit ſecours & protection contre les cabales nées dans le ſein de l'Ordre, ſe réveille : que notre Bâtonnier, que les Anciens, que le Corps me rendent juſtice, je ſuis prêt à leur ſoumettre mes trop équitables griefs. Mais pendant leur ſommeil, faut-il me laiſſer con-damner, exécuter par des factieux qui uſurpent leur nom ? & ne dois-je pas recourir à l'autorité des Tri-bunaux, contre des attentats dont les Juges natu-rels ne ſe montrent pas ? Au reſte, M^e. Gerbier, qui apparemment a le cœur très-gai, plaiſante, à ce qu'on me dit, du ſujet de ma plainte : il pré-tend que je n'ai pu, le 23 Janvier, entendre les

je pourſuis la réparation , je prouve-
rai combien il importe à l'ordre public en général , & à l'Ordre des Avocats en particulier , qu'elle ſoit écla-
tante & complete.

§ V.

La Délibération du premier Février eſt attentatoire à l'autorité de la Cour.

Non - ſeulement ce conventicule
ſéditieux bleſſe toutes les Loix reçues
de la Police & de l'Ordre Public ;
mais dans ce cas-ci , ſa prétendue dé-
ciſion devient un outrage perſonnel
pour le Parlement , & une révolte
contre ſes Arrêts.

propos que je lui reproche , que par la ſerrure , &
voilà ce que c'eſt , dit-il , *que d'écouter aux portes.*
Il fait bien de rire , tandis qu'il en a encore le
temps. Mais il ſe trompe. Pour avoir l'oreille frap-
pée de ſes éclats , & diſtinguer à quel excès la
paſſion , l'emportement rendoient ſa voix tonnante ,
il n'étoit pas beſoin de s'approcher de la porte.
J'ai très-bien & tout entendu de la cheminée où
j'étois , dans la chambre voiſine de celle où il ſe livroit
à de ſi étranges fureurs. Quand M. le Maréchal de
Broglio eſt entré dans cette piece , où il ne me cher-
choit pas , aſſurément il ne m'a pas trouvé dans l'atti-
tude d'un curieux qui cherchât à ſurprendre des ſe-
crets , mais dans l'agitation d'un homme honnête , qui
étant inſtruit malgré lui d'une animoſité ſi indécente ,
balance entre une vengeance ſubite , ou la lenteur
des pourſuites judiciaires.

Le premier, celui du 2 Juillet 1773, me recommandoit de *respecter* des personnes respectables, & annonçoit la possibilité d'une peine dans le cas d'infraction ; mais c'est précisément cette perspective d'une peine à venir, qui prouve que l'application ne pouvoit en avoir lieu pour le moment. Que diroit-on d'un Régiment qui refuseroit d'obéir à son Colonel, sous prétexte que le Prince l'auroit averti d'être plus réservé, *à peine d'être cassé* ? Jamais jusqu'à-présent, personne ne s'étoit avisé de confondre la menace d'un châtiment avec le supplice. Falloit-il que des Avocats inspirés par Me. Gerbier, donnassent l'exemple de cette étrange méprise ?

Mais le second Arrêt est bien plus fort. Il déclare que personne ne pourra *induire du premier, que la Cour ait jamais entendu priver ledit Linguet de l'exercice de ses fonctions.* Si les quatorze Avocats, *soi-disant l'Ordre*, prétendent que je suis inculpé, taché par l'un de ces prononcés, ils devroient bien sentir que je suis justifié par l'autre. Puisque le premier défend de tirer de

celui du 2 Juillet, aucune consé-
quence défavorable à mon état,
tout Particulier qui s'en sert comme
d'un prétexte pour m'en priver, déso-
béit au Parlement, & devient un
rebelle contre qui l'autorité doit
sévir.

Si c'étoit vraiment l'Ordre entier
qui eût pris ce parti, c'est autre chose.
Quoique convaincu de mon innocence, quoique défendu par la Loi,
je ne pourrois que gémir de voir l'une
violée & l'autre méconnue. Je me
soumettrois sans murmure, parce que
ce seroit la volonté du Corps dont
j'ai juré d'être Membre. Je ne
saurois point réclamer contre une
exclusion dont la forme couvriroit
l'injustice.

Mais encore une fois, que quatorze individus sans mission, quatorze atomes que le seul desir de
nuire a liés, s'arrogent sans scrupule cette Jurisdiction terrible, que
l'association entiere ne déploieroit
pas sans trembler ; qu'ils se flattent
d'enchaîner par une confédération
séditieuse, & les suffrages de tous
leurs Confreres qu'ils insultent, &

qu'ils dépouillent, & les volontés d'un Tribunal dont ils foulent aux pieds les Arrêts, c'est le comble du délire de leur part ; comme ce seroit celui de la foiblesse de la mienne, si je le souf-frois en silence.

§ VI.

La Délibération du premier Février est absurde.

Mais vous donnez, diront-ils, trop d'étendue à une peine qui est bornée, & trop d'éclat à une correction fra-ternelle qu'il falloit subir dans le silence. Nous ne vous avons pas pri-vé de votre état. Nous n'avons fait que vous en suspendre pour un an. La suspension n'est même pas générale. Nous n'avons pas entendu enchaîner votre plume. Nous n'avons voulu fer-mer que cette bouche orageuse, qui ne peut s'ouvrir sans qu'il s'en élance des tempêtes. Conservant le droit d'écrire, vous vous retrouvez dans la même position où vous étiez avant que vous vous fussiez attaché à la plaidoierie.

Je vous entends, Casuistes délicats.

C'eſt une *pénitence* que votre Chapitre a voulu m'impoſer pour l'expiation de mes fautes : un proverbe trivial veut que *l'on ſoit puni par où l'on a péché.* Vous voulez faire tomber le châtiment ſur la partie de moi-même, dont l'uſage vous a le plus choqué : mais pour ramener dans ces temps corrompus l'auſtérité de la Thébaïde, Pere Gerbier & vous ſes dévots aſſiſtants, ſongez-vous qu'il faudroit au moins être conſéquents. Vous prétendez m'interdire la parole, & pourquoi ? Parce que j'ai outragé mes Confreres, parce qu'en diſcutant une Sentence rendue malheureuſement par des Avocats, j'ai prouvé qu'elle étoit contraire à la raiſon, à la juſtice, aux Loix ; que le préjugé l'avoit dictée, comme la prévention, pour le moins, avoit dirigé la procédure dont elle étoit le complément. Mais ce n'eſt pas à l'Audience que j'ai commis ce délit. Ce n'eſt pas ma bouche qui a déchiré ces Confreres ſi ſenſibles : c'eſt ma plume. C'eſt dans un écrit que j'ai fait voir à quel point ils s'étoient laiſſé aveugler dans l'exercice des fonctions auxquelles la ſeule idée que l'on avoit de leurs lumieres, avoit fait appeller le Siege où ils étoient aſſis. C'eſt donc le droit d'écrire qu'il falloit m'enlever, puiſqu'on vouloit une ſatisfaction du même genre que l'offenſe ; & cependant on punit préciſément ma bouche, qui n'a point failli ; on ménage ma plume, qui a fait tout le mal. Eſt-ce donc une fatalité attachée à tout ce qui touche le Bailliage du Palais, qu'il n'en émane rien que de contradictoire ? Ses vengeurs ont-ils cru devoir multiplier les abſurdités pour le conſoler d'avoir rendu une Sentence abſurde, & atroce ?

Renvoyons aux déſerts de Sceté l'uſage de ces macérations expiatoires que le ſcrupule embraſſoit avec complaiſance. Ne diſputons pas à la diſcipline eccléſiaſtique le droit d'interrompre par une ſuſpenſion momentanée quelques-unes des prérogatives d'un caractere indeſtructible. Laiſſons à l'ordre civil celui d'attacher aux décrets qu'il lance, l'interdiction légale des principales fonctions d'un Citoyen. Un Moine après une ſatisfaction canonique, un Prêtre après avoir recouvré fes pouvoirs, un accufé après avoir purgé fes décrets, fe retrouvent ce qu'ils étoient auparavant, & n'ont même pas ceffé de l'être pendant qu'a duré l'interdit momentané auquel ils ont été foumis; mais en eft-il de même d'un Avocat? Interrompre des travaux qui ne fe foutiennent que par un enchaînement non interrompu, c'eft le condamner à une oifiveté éternelle : autorifer le Public à penfer qu'il a été un moment indigne de fa confiance, c'eft la lui enlever pour toujours. Ainfi quand cette fufpenfion prononcée contre moi ne feroit par modifiée par une reftriction abfurde, elle feroit meurtriere & révoltante ; elle iroit contre le vœu apparent de ceux qui l'ont réfolue ; elle équivaudroit à une exclufion entiere, que les treize foi-difants n'ont cependant, difent-ils, pas eue en vue.

Mais avec la reftriction qu'ils y ont apportée, elle devient le dernier degré de l'abfurdité. Je pourrai écrire & non pas parler ! Eh ! depuis quand a-t-on vû un Avocat muet ? Depuis quand a-t-on fuppofé qu'on pouvoit être un quart, un tiers d'Avocat ?

Tout homme appellé à cette profession choisit librement entre les deux manieres de l'exercer. Si la nature ou le courage lui donnent affez de force pour les embraffer toutes deux à la fois, il en a la faculté ; s'il fe fixe à une feule, c'eft de fon libre arbitre uniquement que doit dépendre fon élection. Il faut qu'un Avocat foit tout ce qu'il peut être, ou il n'eft rien. Le confiftoire de Mᵉ. Gerbier viole les Loix de l'équité, celles de la bienféance ; il ne refpecte donc pas davantage celles du bon fens.

Cependant je me trompe peut-être. Ses treize Affociés ont très-bien fenti l'abfurdité qu'ils commettoient. Le ridicule de cette diftinction inouie ne leur a pas échappé ; mais ils ont mieux aimé s'y dévouer que de ne pas confommer leur vengeance. Ils ont bien fenti que de m'enlever le droit d'écrire, paffoit leur pouvoir, même celui qu'ils ufurpoient ; que ni les Juges, ni les Clients ne fouffriroient qu'on vînt m'arracher la plume de la main dans mon cabinet, au lieu qu'ils se sont flattés de subjuguer le Parlement par la menace d'un schisme, & d'intimider ce Tribunal, en lui faisant craindre de voir les Audiences désertes, faute de contradicteurs quand j'y paroîtrois. Mais alors le sang froid avec lequel ils ont pesé toutes les circonstances & les effets de leur démarche, n'est qu'un attentat de plus, & la restriction apportée par eux-mêmes à leur fantôme de Délibération pour la rendre plus efficace, ne fait que la rendre tout à la fois plus criminelle & plus frivole.

Peut-on, d'après tant de preuves, se méprendre à l'esprit qui a dirigé cette étonnante Délibération ? N'est-il pas évident qu'elle a été conçue, inspirée, dictée par des hommes à qui la carriere de l'écriture étoit indifférente, & qui me font l'honneur de me redouter dans celle de la parole ? Mᵉ. Caillard, Mᵉ. Gerbier, doués l'un du plus abondant *parlage*, l'autre du plus brillant organe dont aient jamais retenti les voûtes du Palais, se piquent peu de soumettre aux réflexions du Lecteur les choses qu'ils hasardent à l'Audience, à la faveur d'une volubilité qui remplit les oreilles, ou d'un éclat qui les étonne. Peut-être ont-ils cru que fans cette voix impofante, & ce flux perpétuel qui les diftingue, je pourrois être un jour un rival redoutable pour eux, en réuniffant la facilité du cabinet à l'habitude du Barreau. Me voyant armé d'une épée à deux tranchants, ils ont tâché de me réduire à ne pouvoir me fervir que d'un feul pour ramener entr'eux & moi une égalité que je n'ambitionnois pas.

Mais, voici quelque chofe de bien plus fort ; voici une étrange anecdote, qui met le comble à tout, & joint une baffeffe incroyable au ridicule exceffif qu'a offert jufqu'ici la Délibération du premier Février. Le jour que j'ai vu M^e. Gerbier, & que j'ai reçu de lui la parole dont une perfidie l'a dégagé, il avoit affecté avec moi une effufion de cœur qui lui coûte peu ; il m'avoit affuré qu'on avoit bien tort de penfer que la jaloufie entrât pour rien dans fes refus de fe mefurer avec moi ; qu'il alloit quitter le Palais, *que le seul dérangement de ses affaires l'y avoit ramené ; qu'il avoit à PIO-CHER encore UN AN pour en remplir le vuide.* Voilà ses propres termes.

Maintenant que l'on rapproche le temps de ma pénitence de celui que M^e. Gerbier compte encore *piocher* ; qu'on songe que c'est chez lui, dans un conciliabule de sept de ses amis, que cette étrange idée a été d'abord conçue & adoptée le 23 Janvier ; qu'on fasse attention que c'est lui qui, le premier Février, après avoir promis de ne pas opiner, a de nouveau proposé contre moi cette abstinence pythagoricienne, dont il se flattoit de recueillir le fruit, on verra à quel point tout a été mené par la plus vile complaisance pour ses intérêts.

Je ne fais aucune réflexion sur cet odieux & flétrissant complot ; mais je mourrois de honte & de remords, si j'avois été l'auteur ou l'instrument de quelque chose qui y ressemblât.

§ VII.

La Délibération du premier Février est injuste.

C'est peu d'être illégale, criminelle, absurde dans la forme : la confédération que j'attaque ici n'est pas moins injuste en elle-même. Le fonds en devient plus révoltant encore que les accessoires.

Que me reproche-t-on ? une vivacité trop ardente, un emportement inconsidéré. Je veux bien ne pas examiner ici si ces prétendus transports, devenus si funestes pour moi, n'étoient pas nécessaires dans les circonstances ; je veux bien compter pour rien le succès qui en a consacré le motif, & oublier que le Comte de Morangiés n'a peut-être été reconnu innocent, que parce que la conviction de son innocence m'a fait braver mille périls pour la démontrer ; mais enfin il faut de la proportion dans les peines.

La Loi du Talion est la plus rigoureuse de toutes ; il falloit l'observer. J'ai outragé, dit-on, les Juges du Bailliage, à la bonne heure : mais trois mois de courses, de follicitations, de tentatives ; mais la condefcendance de comparoître deux fois devant eux & leurs Affociés, d'y comparoître dans la pofture d'un accufé ; mais les calomnies horribles que M^e. Gerbier s'eft permis d'articuler contre moi devant un Tribunal de fa création, affemblé par lui pour me juger, me condamner, m'exécuter ; mais la pitié perfide, mais l'intérêt aviliffant qu'il a ofé montrer en ma faveur par un dernier rafinement de trahifon, pour ramener au parti de la fufpenfion annuelle, des efprits qui, parmi fes fectateurs mêmes, étoient révoltés de l'idée d'une exclufion totale ; ne font-ce pas là des outrages ?

Quel que foit l'affront qu'on m'accufe d'avoir pu faire aux Affeffeurs du Bailli du Palais, n'eft-il pas plus que fuffifamment expié par tant de déboires, par tant d'humiliations toutes accumulées fur un homme qui affurément n'en méritoit aucune ? En difcutant leur Sentence, leur ai-je enlevé leur état ? Quand cette difcuffion leur auroit fait perdre leur honneur, ce ne feroit pas à moi qu'il faudroit s'en prendre, mais à la vérité : une calomnie ne déshonore point.

Sans l'Arrêt, tout ce que j'ai pu dire de plus violent contre eux, n'auroit tourné qu'à ma honte : c'eft donc l'Arrêt dont ils doivent fe plaindre ; c'eft donc au Parlement qu'ils doivent interdire les Audiences, fi c'eft là la peine due à quiconque ofera croire que des Baillis du Palais, même affiftés de fix Avocats, peuvent rendre des Sentences injuftes. Quoi ! l'innocent que j'ai défendu a été abfous ; les coupables que j'ai dénoncés ont été punis ; le Jugement que j'ai attaqué a été réformé dans toutes fes parties, & les Juges qui ont couru le rifque d'opprimer l'innocence, de favorifer l'iniquité, auroient le droit de confommer, par une confédération obfcure, celle qu'ils n'ont pu commettre avec les formes de la Juftice. Ils m'ôteroient donc mon honneur & mon état, pour fe dédommager de ce que le C. de M. jouit encore par moi de l'un & de l'au-

tre. Les Annales de l'Histoire n'offri-
roient point d'exemple d'une persécu-
tion plus criminelle tout à la fois &
plus inconséquente. Eh ! quel auroit
donc été mon sort, si le C. de M. avoit
été coupable ?

Mais enfin ils ont décidé qu'il leur
falloit une réparation. Eh bien ! ils
l'ont obtenue du Parlement. La Cour
en renvoyant le Comte de Morangiés
absous, a supprimé de ses Mémoires ce
qu'on a trouvé de trop fort contre les
premiers Juges qui l'avoient déclaré
coupable, & condamné à des peines
infamantes, contre les premiers Juges qui avoient eu le courage de l'in-
terroger sur la sellete, & celui de lui
imposer une restitution de 300000
livres qu'il n'a jamais touchées. Un
des axiomes de la Jurisprudence criminelle, c'est qu'on ne peut pas être
puni deux fois pour le même fait. Si
les Juges du Bailliage veulent une
autre satisfaction que l'Arrêt, qu'ils
y renoncent donc : qu'ils consentent
à la prise à partie. Rentrons en lice,
& que non-seulement l'état, mais la
tête de celui qui succombera, dépen-
de des preuves : je suis tout prêt. S'ils

préferent prudemment de s'en tenir à l'Arrêt , qu'ils renoncent donc à une réparation poftérieure.

Prétendroient-ils qu'il leur en eft dû deux , parce qu'ils ont les deux qualités de Juges & d'Avocats, & qu'étant vengés comme Affeffeurs d'un Bailli, ils ne le font pas comme Jurifconful-tes : mais ce feroit là, qu'il foit permis de le leur dire, un double emploi que la juftice n'admet point. C'eft pré-cifément parce qu'ils font Jurifcon-fultes éclairés, qu'il ne leur convient pas de le propofer.

Mais, dira-t-on, ce ne font pas les Juges du Bailliage feuls qui fe font ref-fentis de votre mordante véridicité, tous vos Confreres s'en plaignent. Ils difent qu'ils ne vont point à armes égales au combat avec vous. On vous égratigne & vous déchirez. Vous avez changé le ton du Barreau. Vous en avez fait une arene de gladiateurs, &c. Voilà les propres termes dans lef-quels on a développé les accufations portées contre moi à la confédération du premier Février. Rien n'eft plus faux que la premiere.

J'ai plaidé bien des fois contre plufieurs de mes Confrcres, fans qu'ils aient eu à fe plaindre de moi , ni moi d'eux. M^e. Gerbier lui-même , il y a deux ans , s'en eft loué dans la Caufe du fieur Gobault. Il n'y en a que trois où j'aie mis , depuis que je me fuis rifqué à plaider , une chaleur nécef-faire. Ce font celles de la Ducheffe d'.... de la Dame de Bombelles & du M.... de G....; mais dans celles-là j'ai été attaqué. Je l'ai été avec fi peu de ménagement qu'il auroit fallu une pa-tience plus qu'humaine pour renoncer à la replique. Il n'y a pas d'apprécia-teur impartial qui ne juge que j'ai été plus à plaindre qu'à blâmer.

J'ai changé le ton du Barreau ! Eft-il vrai d'abord qu'il foit fi fort changé ? J'ai lu tous les recueils de plaidoyers que je connois , ceux des Sainte-Mar-the, des Corberon , des Galland , des Gauthier, des Patru , des Lemaî-tre. J'ai entendu parler de ceux des Cochin , des Lenormand , des Aubry, des Gueaux de Réverfaux. Il m'a paru que dans tous les temps le Barreau avoit été une lice où chacun s'étoit produit avec toutes fes facultés , & qu'on n'avoit jamais preffé une de ces abeilles fans en recevoir un coup d'ai- guillon. Quand j'aurois imité cette force ou cette foibleffe , où feroit mon crime ?

Mais enfuite je fuppofe qu'il foit en effet arrivé quelque altération dans le ton du Barreau , pourquoi me l'attri- buer à moi feul ? Seroit-ce parce que j'aurois eu le malheur d'y appo. ter un vifage inconnu , & qu'en voyant un effet nouveau, on auroit cru devoir en accufer l'Avocat le plus nouvelle- ment arrivé ? Pourquoi ne pas l'impu- ter aux circonftances , à l'abfence des talents que la Juftice regrette encore, & qui y auroient foutenu le ton hon- nête , quoique animé de l'émulation, au lieu des invectives groffieres que la jaloufie y a introduites ? Pourquoi n'en pas foupçonner l'aigreur que doit produire néceffairement l'alliage de trois efpeces d'Orateurs , dont la plus ancienne , preffée entre les deux au- tres , contribue elle-même journelle- ment à fa dégradation par les divi- fions honteufes qui la déchirent ?

Et mes Accufateurs , mes préten- dus Juges , Me. Gerbier & fes fem- blables , font-ils donc fi honnêtes ?

A-t-on jamais affecté un defpotifme plus infultant, une fupériorité plus injurieufe, un afcendant plus outrageux, que Me. Gerbier ? La premiere caufe de fon animofité contre moi, ne vient-elle pas de ce qu'au premier choc, au Châtelet, je ne me fuis pas foumis à cet empire, que fon organe affectoit fur tout ce qui ofoit l'approcher ? Jeune & foible comme David, j'ai ofé, dès la premiere fois, me mefurer d'égal à égal avec ce nouveau Goliath, & le Philiftin ne me l'a jamais pardonné.

Pourquoi donc n'a-t-il pas la réputation de malignité qu'on me prête ? Pourquoi ? Par bien des raifons. Parce que de tout temps un très-grand manege a foutenu l'idée qu'on vouloit faire prendre de fon éloquence ; parce qu'en débutant, il a eu foin de fe mettre fous les ailes d'un homme du plus grand mérite, & qui avoit fubjugué fes Confreres & le Public ; parce qu'un long ufage a accoutumé le Barreau à ce ton qui lui a été tranfmis avec fa réputation, & furtout parce que, quand ce parleur fonore a ceffé de retentir aux oreilles , le souvenir de tout ce qu'il a dit , s'efface , comme les sons produits par les ondulations d'un timbre harmonieux. Il ne confie rien au papier de ce qu'il a pu hasarder aux audiences ; au lieu que moi, n'ayant aucun de ses autres avantages , mais n'ayant pas besoin de cette circonspection forcée ; tenant de la nature & de l'habitude du travail , la facilité de rendre l'impression dépositaire de mes paroles, elles semblent porter contre moi un témoignage toujours subsistant. Quand la nécessité d'une juste défense m'arrache quelque expression énergique, on oublie l'attaque, on a sous les yeux la réponse, & l'on me juge méchant , précisément d'après la piece qui devroit prouver que je ne le suis pas.

Que des hommes honnêtes & faits pour exister sans manege ; que de véritables Avocats, tels que M^e. *Aubry*, M^e. *Legouvé*, M^e. *Collet*, M^e. *Target*, &c. &c. &c. par exemple , reparoissent au Barreau , & l'on verra s'ils demanderont mon exclusion ! Ce sont là les hommes que je reconnoîtrai

trai pour Juges, parce que je me sens digne d'être leur Confrere. Comme je ne serai pas humilié par la supériorité de leurs talents, ils ne seront pas intimidés de l'impétuosité de mon ame. Ils n'auront jamais à me punir d'avoir acquis le droit de les méfestimer. Divisés peut-être d'opinions, nous serons unis par les sentiments. Conduits comme les Bayard & les Crillon, sur le champ de l'honneur, par l'amour de la gloire, nos mains n'emploieront point d'armes qui puiffent nous en rendre indignes. On verra si je fouillerai par des vivacités repréhensibles, des victoires, ou des défaites, prefque également honorables, quand la loyauté a préfidé au combat.

Mais enfin, que ce grief foit bien ou mal fondé, qu'il faille en accufer la foibleffe ou la fenfibilité déplacée de mes Confreres, quel qu'il foit, eft-ce une raifon fuffifante pour perdre, pour déshonorer un jeune homme dont le cœur eft pur, & dont l'imagination trop inflammable, fi l'on veut, ne s'eft du moins jamais

D

enflammée que pour des chofes honnêtes ?

On prétend punir d'une exclufion infamante la vivacité d'un zele défintéréffé. Que feroit-on donc s'il fe trouvoit au Palais un homme qui vendît toujours fes paroles & quelquefois fon filence ; un homme qui n'ouvrît jamais la bouche, qu'on ne fût à quel prix ; & qui, mettant un impôt fur fes fuccès, n'envifageât dans la victoire qu'un prétexte à des rapines ; un homme qui, étant recherché par les deux Parties, prît, pour fe décider entre elles, la balance, non pas de la Juftice, mais de l'avidité, & fe louât publiquement à celle qui a fait briller plus d'or, ou fonner plus d'argent en entrant dans fon cabinet ; un homme capable de changer de parti avec la fortune, & de requérir à grands cris le déshonneur, la perte des Clients dont il auroit été le Confeil, & dont il feroit encore le débiteur ; un homme enfin expofé à des répétitions honteufes, accufé juridiquement d'un abus de confiance de la plus baffe, de la plus criminelle espece, réduit à invoquer pour sa défense les privileges de sa profession, & à foutenir qu'on n'a rien à lui demander, parce qu'il n'exifte pas de preuves qu'il ait rien reçu. Si un tel homme exiftoit au Barreau, ne feroit-on pas autorifé, d'après ce que j'éprouve, à croire qu'il y feroit regardé avec horreur, & qu'on ne croiroit jamais l'en avoir banni avec affez de précipitation ?

Hélas ! combien on fe tromperoit ! Peut-être y régneroit-il en defpote : peut-être fe rendroit-il le délateur, le perfécuteur de ceux de fes Confreres qu'il ne fe flatteroit pas de rendre fes complices : peut-être, éclairé par fes remords, & guidé par fon intérêt, parviendroit-il, à force de manœuvres honteufes & ridicules, à perdre l'ame ferme & incorruptible par laquelle il fe verroit à la veille d'être démafqué.

La délibération du premier Février eft donc injufte ; elle eft nulle au fonds autant qu'irréguliere dans la forme : chacune des différentes confidérations que je viens de détailler, fuffiroit pour l'anéantir fans reffour-

D 2

ces : il m'en reste encore une que je vais exposer en peu de mots.

§ VIII.

Considérations sur la situation de la Comtesse de Béthune.

Il n'y en a point peut-être de plus bizarre, & en même temps de plus cruelle. Sa Cause est certainement bonne. La maniere de présenter le meilleur droit, peut influer sur celle de l'apprécier. Sans prétendre inculper l'Avocat qui a plaidé pour elle au Châtelet, & dont les talents sont connus, elle se flatte que je rendrai peut-être ses moyens avec plus de netteté, & que dans ma bouche, les démonstrations qui justifient ses espérances, seront plus sensibles. A moins que de la condamner sans l'entendre, on ne peut assurément pas lui faire une plus grande injustice, que de lui enlever l'homme qu'elle croit le plus capable de l'aider à obtenir la réformation de celle qu'elle a déja soufferte.

Mais je suppose qu'elle cede aux instances, aux menaces, aux ordres même qui lui ont été donnés : par qui me remplacera-t-elle ? Qui appellera-t-elle à son secours, à mon défaut ? Mes amis ? Ils ne s'y prêteront pas. Mes ennemis ? Ils en rougiroient. Les uns croiroient devenir les instruments, les complices de la cabale qui veut m'exclure. Les autres, après y avoir trempé, n'oseroient en recueillir le fruit. En ôtant à la Comtesse de Béthune, son Défenseur actuel, on la met donc dans l'impossibilité absolue d'en trouver un.

M. le Maréchal de Broglio n'est pas dans la même situation, à beaucoup près. Nous acceptons, les yeux fermés, l'Adversaire qu'il nous oppose. Nous les ouvrirons dans le combat ; mais nous protestons de ne voir alors que les raisons, & de ne pas même prendre garde à la personne du Champion. M. le Maréchal de Broglio n'éprouve donc aucune difficulté ; c'est de ses défenseurs qu'elles viennent. Cependant, il m'a fait l'honneur de me dire, à moi-même, le 23 Janvier au soir, chez Me. Gerbier, qu'*il desiroit très-fort que les intérêts de Madame sa belle-sœur fussent entre mes mains.* Ce souhait est d'une ame honnête telle que la sienne, & un homme comme lui ne l'auroit pas prononcé, s'il n'étoit point sincere. Il n'a pas pu manquer de le faire connoître à Me. Gerbier. Si cet Avocat, malgré le vœu connu de son Client, persiste à en trahir les intentions, il n'en mérite pas la confiance ; c'est alors à M. le Maréchal de Broglio à la mieux placer ; il est difficile d'imaginer que la Comtesse de Béthune puisse jamais être forcée de recevoir un Avocat de la main de Me. Gerbier, qui travaille à la ruiner ; & que, parce que celui de M. le Maréchal de Broglio, son Adversaire, manque d'égards pour cet homme illustre, elle soit condamnée elle-même à se séparer du sien, qui a au moins autant de scrupule, & certainement plus de complaisance.

Mais il y a plus. Je suppose que les Juges la contraignent à une variation contre laquelle son cœur proteste. Je suppose que, par un refus obstiné de l'Audience, on la force

de chercher enfin quelque être indif-
férent fur mon compte, qui réuniffe
tout à la fois l'impartialité requife
pour me remplacer, &, ce qui fera
plus facile, les talents néceffaires
pour me faire oublier, j'ofe demander aux Magiftrats, eux que la délicateffe dirige & que l'honneur conduit, s'ils ne s'expoferont pas à des
plaintes fondées de part ou d'autre?
S'ils jugent en faveur de la Comteffe
de Béthune, fes Adverfaires pourront dire qu'on s'eft piqué d'indulgence pour elle, afin de lui faire
oublier la violence inique qu'elle a
éprouvée. S'ils la condamnent, elle
aura éternellement droit de leur re-
procher de lui avoir ôté le moyen
de les inftruire. S'il y avoit quelque
raifon légitime de rejeter mon mi-
niftere, la confcience des Juges pourroit être à couvert, en la réduifant
à employer celui d'un autre. Mais,
puifqu'il n'yen a point, puifque eux-
mêmes ont prononcé, le 17 Janvier,
qu'ils étoient fâchés qu'on les foup-
çonnât d'en avoir voulu faire naî-
tre, il feroit impoffible qu'en exi-
geant mon abfence, & en fouffrant

qu'elle devînt préjudiciable à la Comtesse de Béthune, ils n'éprouvassent
pas des remords.

Mais, dira-t-on, on ne peut pas
forcer les Avocats de parler. Non
sans doute : mais que la loi soit donc
égale. Tant qu'ils ne sont pas déchus
de leur état, & qu'une Partie implore
leur secours, on ne peut pas non
plus les forcer de se taire. Magistrats
équitables, n'ouvrez pas la bouche
de mes Confreres ; mais ne fermez
pas la mienne. Obligés de vous décider entre les deux concurrents, à
qui devez-vous plus d'égards, de
celui qui se présente au combat, ou
de celui qui le fuit ; de celui qui
surmonte, par déférence pour ses
Clients, une répugnance trop légitime, ou de celui qui trahit les
siens par un caprice intéressé ? Sans
vous arrêter aux petites, aux indignes rivalités qui se développent à
vos pieds, vous ne devez d'attention qu'aux besoins & aux raisons
des Parties.

Et qu'il me soit permis ici de vous
le dire, n'ayez pas la foiblesse de
redouter le schifme dont on vous

fait l'affront de vous menacer : vous êtes dans le cas de répondre à ce petit nombre de factieux qui ofent chercher à vous intimider : *Je veux moins de valeur & plus d'obéiffance.* Douze Avocats ne compofent pas toutes les reffources de Thémis, pour prévenir une défertion qui feroit tomber la balance de fes mains. Outre un double fecours qu'on me feroit peut-être un nouveau crime d'indiquer, il exifte au Barreau des ames honnêtes, qui n'ont pas trempé dans la confédération de Me. Gerbier. Il y exifte une jeuneffe florif-fante : elle a été exclue du brigandage du premier Février, qu'elle auroit empêché, fi fes fuffrages n'avoient été rejetés. Du côté des talents, ces Athletes, pleins d'émulation, ne laiffent rien à defirer ; & leurs ames, encore garanties de l'influence de ce poifon fubtil de la jaloufie, de l'intérêt, qui acquiert plus de force & d'activité avec l'âge, promettent au Barreau des jours brillants qui lui feront oublier fes pertes.

Il n'eft donc pas à craindre que, dans aucun cas, les Clients fe trouvent abandonnés, ou la Justice muette. S'il étoit possible que la Cour honorât de la moindre attention le résultat de la cabale séditieuse qui m'attaque, ce seroit donc rayer réellement du tableau les 600 Avocats qui n'y ont point concouru, & déclarer que l'Ordre n'est plus composé dorénavant que de quatorze membres; des treize Assesseurs, de Me. Gerbier, avec leur chef: ce que la Cour n'a certainement pas eu intention de faire.

Au reste, quel que doive être l'événement de cette singuliere contestation, j'use ici d'un privilege consacré par l'usage. Outragé, calomnié par des Confreres injustes & prévenus, j'en appelle à mon Ordre. Si mon Ordre ne vient pas à mon secours, j'en appelle à la Justice: si la Justice, ce qui n'est pas possible, avoit la foiblesse de se taire, si ses droits compromis, si le plus lâche des assassinats commis sous ses yeux avec des circonstances qui en redoublent l'atrocité, ne pouvoient pas l'émouvoir, j'en appellerois au Public; & si enfin les

manœuvres, les préjugés étouffoient
la réclamation univerfelle des con-
temporains, il me reftera au moins
le dernier recours de l'innocence
foible & égorgée, les remords des
meurtriers, & le jugement de la
poftérité.

Me. LINGUET, Avocat.

www.ingramcontent.com/pod-product-compliance
Lightning Source LLC
Chambersburg PA
CBHW071335030726
47594CB00002B/666